TROIS LETTRES INÉDITES

DE

BERTRAND D'ECHAUS

ÉVÊQUE DE BAYONNE

PUBLIÉES

AVEC NOTICE, NOTES ET APPENDICE

PAR

Philippe TAMIZEY DE LARROQUE.

AUCH

IMPRIMERIE ET LITHOGRAPHIE FÉLIX FOIX, RUE BALGUERIE.

1879.

TROIS LETTRES INÉDITES

DE

BERTRAND D'ECHAUS.

TROIS LETTRES INÉDITES

DE

BERTRAND D'ECHAUS

ÉVÊQUE DE BAYONNE

PUBLIÉES

AVEC NOTICE, NOTES ET APPENDICE

PAR

Philippe TAMIZEY DE LARROQUE.

AUCH

IMPRIMERIE ET LITHOGRAPHIE FÉLIX FOIX, RUE BALGUERIE.

—

1879.

TROIS LETTRES INÉDITES DE BERTRAND D'ECHAUS
ÉVÊQUE DE BAYONNE.

Quand j'insérai dans la *Revue de Gascogne* du 25 décembre 1864 (1) sept lettres inédites de Bertrand d'Echaus à Nicolas de Neufville, seigneur de Villeroy, un ami — un de ces amis qui nous aiment assez pour nous dire tout ce qu'ils pensent de nous, et dont il faut bénir la salutaire sincérité — me blâma de n'avoir pas cherché à réunir plus de renseignements sur cet évêque de Bayonne que j'avais représenté comme un *disgracié de l'histoire* (2). M'inclinant devant le reproche qui me fut alors adressé, je me promis de réparer mon gros péché d'omission au premier moment favorable, et comme l'occasion m'en est aujourd'hui fournie par les trois nouvelles lettres que j'ai à publier, je vais de mon mieux tenir une promesse faite depuis quinze ans déjà.

L'évêque de Bayonne Jean Maury étant mort le 17 janvier 1595, Henri IV s'empressa de lui donner pour successeur Bertrand d'Echaus; mais le protégé du Béarnais ne put obtenir plus facilement du pape Clément VIII les bulles de l'évêché de Bayonne, que Pierre de Marca ne devait, un peu plus tard, obtenir du pape Urbain VIII celles de l'évêché de Conserans. M. l'abbé Monlezun a prétendu que la cour de Rome refusait de sanctionner une nomination faite par un prince hérétique (3); il oubliait que l'abjuration du roi est antérieure de plusieurs mois (25 juillet 1595) à la nomination de B.

(1) Tome v de la collection, p. 596-606. Il en a été fait un tirage à part (Paris, Aubry).

(2) Je m'étais contenté de citer les *Mémoires* du duc de la Force, l'*Histoire du Jansénisme* du P. Rapin et le *Port-Royal* de M. Sainte-Beuve.

(3) *Histoire de la Gascogne*, t. v, p. 480.

1

d'Echaus (1). La fausse situation dans laquelle se trouvait l'évêque non sacré motiva la lettre suivante adressée par Henri IV à *Madame de Gramont* :

« Madame, j'ay commandé absolument au comte de Gramont, vostre fils, que je veux que le sieur Deschaux (4), mon conseiller et aumosnier ordinaire, soit receu dans ma ville de Bayonne en qualité d'evesque, et où je l'envoye ; m'asseurant que le sieur Deschaux s'acquittera bien et duement de sa charge, et pour vostre particulier qu'il vous servira ez occasions que vous le vouldrés employer, non-obstant toutes les impressions que l'on vous a voulu donner de luy au contraire ; lesquelles je vous prie de vouloir effacer pour l'amour de moy : ce que me promettant, Dieu vous ayt, Madame, en sa saincte garde. Ce xxijᵉ septembre [1597] devant Amiens (2).

             » HENRY. »

Dix-huit mois plus tard, le cardinal d'Ossat écrivait à Villeroy (de Rome, le 25 mars 1599) :

« Le vendredi 12 j'allai à l'audience, et remerciai le Pape de la promotion [de l'archevêque de Bordeaux, François de Sourdis, au cardinalat], premièrement, au nom du Roi, comme ayant ses affaires en main ; et puis, au nom de Monsieur le cardinal de Sourdis, et au

---

(1) A propos de la forme donnée par Henri IV au nom de l'évêque de Bayonne, je dois m'accuser d'avoir, en 1864, pris la lettre finale de ce nom pour un *d*, alors que c'est un *s*, comme je l'ai reconnu en y regardant plus attentivement. Je me console un peu de ma mésaventure en voyant que bien d'autres ont encore plus dénaturé ce même nom.

(2) *Recueil des lettres missives d'Henri IV*, publié par M. Berger de Xivrey, t. i, p. 850. La lettre, qui avait déjà été imprimée dans la *Vie militaire et privée d'Henri IV*, a été réimprimée dans l'*Histoire et généalogie de la maison de Gramont* (Paris, 1874, in-4°). L'auteur de ce dernier ouvrage, citant (p. 198) une autre lettre d'Henri IV à la comtesse de Gramont, insérée dans le recueil de M. Berger de Xivrey (t. i, p. 850), sous la date du 21 septembre 1597, assure que l'ancien ami de *Corisande* la remercie en ces termes d'avoir usé de son crédit pour faire recevoir à Bayonne l'abbé *Deschaux* en qualité d'évêque : « J'ai bien recogneu que vous avés esté par-delà, où vous vous estes employée pour mon service. Aussi je sçavois bien que vostre presence y estoit tres necessaire. » Mais comment Henri IV pouvait-il remercier, le 21 septembre 1597, Mme de Gramont d'une démarche qu'il ne lui demanda que le 22 du même mois, si toutefois c'est de B. d'Echaus qu'il est question dans les reconnaissantes lignes du Béarnais ? En ce cas, on serait donc obligé de croire qu'une des deux lettres est mal datée. Disons, en passant, que dans la *Table générale des matières* du *Recueil des lettres missives* (t. ix, 1876), le nom de l'évê-que de Bayonne a été mentionné sous la lettre *D* et le nom de son père et de son frère sous la lettre *C* (vicomte de *Chaus*).

mien propre. Et pour rendre cet acte plus authentique et plus agreable, je n'y voulus mêler autre affaire, sinon, qu'à la fin je priai le Pape du gratis de l'expédition de l'évêché de Bayonne pour Monsieur d'Echaux, laquelle requête je ne pus différer, pour autant que le dit évêché avoit été préconisé au consistoire précédent, et devoit être proposé au prochain suivant, comme il fut. S. S. m'accorda ledit gratis fort volontiers (1)... »

Dans la même lettre, le cardinal d'Ossat, après avoir rendu compte au ministre des affaires étrangères d'alors d'une nouvelle audience qu'il eut de Clément VIII, le 19 du même mois, ajoute :

« Sur la fin de l'audience, je fis introduire M. d'Echaux, évêque de Bayonne, à prendre le rochet de la main du Pape, qui l'avoit expédié de son évêché de Bayonne, deux jours auparavant (2). »

On voit par cette citation combien se trompent les auteurs du *Gallia christiana*, quand ils affirment que B. d'Echaus fut sacré évêque de Bayonne en 1598 (3). Leur erreur a été partagée par un grand nombre d'écrivains, parmi lesquels je nommerai seulement deux des plus savants élèves de l'école des chartes, M. J. Marion (4) et M. Lud. Lalanne (5). Le *Dictionnaire de Moréri*, qui n'est pas assez consulté, avait donné la bonne date (article *Echaux*) : « Il eut l'abbaye de Saint-Maixent en Poitou, ordre de saint Benoît, et fut nommé à l'évêché de Bayonne en 1599. »

(1) Edition de 1708, t. III, p. 308-309.

(2) P. 312. Amelot de la Houssaye a mis en note (p. 308) : « Bertrand d'Echaux, béarnois, était parent du roi, et probablement le cardinal d'Ossat l'avait dit au Pape, pour obtenir plus facilement le gratis de cet évêché. Le père de l'évêque était le 21ᵉ ou le 22ᵉ vicomte d'Echaux, ce qui prouve l'antiquité de cette maison. » Amelot de la Houssaye (*Mémoires historiques, politiques, critiques et littéraires*, Amsterdam, 1737, t. III, p. 60) prétend que ces 22 vicomtes « n'avaient jamais épousé de roturières, » et il explique la parenté de l'évêque de Bayonne avec Henri IV par une alliance de la maison d'Echaus avec la maison d'Albret. Le même écrivain, dans la *Vie du cardinal d'Ossat* mise en tête du 1ᵉʳ volume des *Lettres*, déclare (p. 55) que Bertrand d'Echaus fut « si grand admirateur des lettres de ce cardinal qu'à force de les lire, il en savait une partie par cœur. »

(3) « *Consecratur episcopus Baionensis anno* 1598. » (t. I, col. 1321).

(4) *Annuaire historique pour l'année 1846 publié par la Société de l'Histoire de France*, p. 96.

(5) *Dictionnaire historique de la France*, 2ᵉ édition, 1877, p. 216.

Le *Journal de Jean Héroard sur l'enfance et la jeunesse de Louis XIII*, publié par MM. Eud. Soulié et Ed. de Barthélemy, nous apprend (1) que, le 16 avril 1602, M. de Chaux (*sic*), évêque de Bayonne, apporta ses hommages au Dauphin, alors âgé de quelques mois seulement, et que, le même jour, le petit prince reçut la visite du duc d'Epernon et de ses trois fils, le naïf chroniqueur ajoutant que le duc « a dit des louanges. » Le futur Louis XIII, qui devait témoigner toujours à B. d'Echaus une bienveillance extrême, devait, au contraire, se montrer inflexible, en plus d'une occasion, pour le duc qui l'avait si aimablement salué dans son berceau et surtout pour un des fils de ce personnage, pour Bernard de Nogaret, le vaincu de Fontarabie.

Dom Devienne (*Histoire de la ville de Bordeaux*, 1771), après avoir raconté la querelle qui éclata entre le cardinal de Sourdis et le parlement de Bordeaux, au sujet de l'affaire du curé de Ludon, en l'année 1607, rappelle (p. 208) que l'évêque de Bayonne fut chargé par le roi, ainsi que le maréchal d'Ornano, de se transporter à Bordeaux pour réconcilier l'Archevêque et le Parlement, et que ces deux commissaires réussirent à faire annuler tout ce qui avait été entrepris de part et d'autre. On trouvera beaucoup plus de détails sur l'heureuse intervention de B. d'Echaus dans l'*Histoire du cardinal François de Sourdis*, par M. L.-W. Ravenez (2).

C'est de ce dernier ouvrage que je tire (p. 189) une anecdote qui montre que, pour l'intrépidité, l'évêque de Bayonne était loin d'égaler le belliqueux métropolitain :

« Le jour de la fête de la Trinité (1609), le cardinal s'était rendu

(1) T. I, p. 23. A la page 20 du tome II, les éditeurs, sous un autre passage de Jean Héroard relatif à B. d'Echaus, disent que ce dernier fut évêque de Bayonne de 1598 à 1621. Ce sont là deux inexactitudes empruntées à l'*Annuaire* déjà cité. B. d'Echaus devint archevêque de Tours le 25 juin 1617. Le P. Anselme (*Histoire généalogique des grands officiers de la couronne*, t. IX, *Catalogue des chevaliers du Saint-Esprit*), Amelot de la Houssaye (note déjà citée), etc., ont *nommé* B. d'Echaus archevêque de Tours dès 1611.

(2) Grand in-8°, 1867, p. 141-143.

avec l'évêque de Bayonne à l'église paroissiale de Fronsac, et après
y avoir célébré les saints offices, il s'en retournait le soir avec l'in-
tention de passer la nuit à Coutras. Suivant l'usage du temps, les
deux prélats étaient à cheval, escortés de leur maison et précédés de
la croix archiépiscopale. Pendant qu'ils cheminaient, vint à passer
un homme vêtu de noir, aussi à cheval, qui affecta de ne pas saluer
la croix. Dans ses autres excursions, le cardinal avait ordonné à ses
officiers d'exiger que toujours les passants saluassent le signe de la
Rédemption. En voyant l'attitude inconvenante du voyageur, les
gens du prélat s'élancent à sa poursuite, et lui administrent quelques
légers coups de houssine pour lui apprendre la civilité. Celui-ci se
récrie, annonce qu'il est le ministre protestant de Libourne, et qu'on
viole en sa personne les édits de liberté accordés par le roi. A ce
propos, l'évêque de Bayonne voit poindre à l'horizon une mauvaise
affaire; il prend peur, et, quittant brusquement le cardinal, il s'enfuit à toute bride à Coutras. »

Les sept lettres publiées en 1864 sont toutes relatives à la
mission confiée par la régente Marie de Médicis à B. d'Echaus,
mission qui consistait à définitivement apaiser les querelles
survenues, en 1611, au sujet des limites de la France et de
l'Espagne, et, pour employer les expressions mêmes du négociateur (1), à travailler « à l'amortissement des debats de ces
frontières de la haulte et basse Navarre. » J'ai trouvé à la
Bibliothèque nationale un document qui complète le compte-
rendu des opérations de l'évêque de Bayonne. C'est une *Copie
de l'escrit envoyé aux sieurs commissaires d'Espagne le 27
avril 1615* (2) :

« Nous Bertrand Deschaux, evesque de Bayonne, conseiller du
Roy en ses conseils d'Estat et privé et premier aulmonier de Sa
Majesté, et Arnauld de Saint-Martin, escuyer, seigneur dudit lieu et
de Lacarre, alcalde (*sic*) de Cize, commissaires deputez par Sa dicte
Majesté pour entendre à la composition amiable des differens meuz
entre ceux de Baygorry peuples de la Basse-Navarre, d'une part, et
ceulx de Valdebro, Valcarlon et autres communauttez de la Haulte
Navarre, d'autre, touchant l'usage, la jouissance et proprieté des

____

(1) Lettre du 15 février 1612, p. 10 du tirage à part.
(2) Fonds français, n° 3611, f° 70.

foretz, bois et terres de la montagne d'Aldude : voyanz de nos propres yeux comme Fermin d'Arraneguy seroit contrevenant aveg ung mespris insuportable à la resolution prinse entre nous et les commissaires du Roy catholique que rien ne seroit innové pendant nostre conference concernant les differens et debatz dudit Aldude, neantmoings ledit Fermin auroit cy devant, il y a trois semaines ou environ ung moys, entreprins et attenté contre ladite resolution de clorre et fermer partie de focez, partie de palissade un bout de montagne citué audit Aldude, ainsi que ceux de Baygorry pretendent que en lieu où ceux du pays de Cize ont la pasteure qui est l'usage dudict lieu de jouir, auroient-ils le susdit temps par plusieurs fois requis lesdicts sieurs commissaires dudict Roy catholique de faire cesser ladicte œuvre, mesmes pour éviter tous les inconvéniens que de semblables attentats pouvoient s'ensuivre : à quoi pourvoyans et donnans ordre, lesdicts sieurs auroient commandé audict Fermin de ne passer oultre et auroit obéy sans plus advancer sa besoingne jusques à aujourdhuy, auquel de rechef contrevenant avec tout le mespris possible, auroit recommencé de faire la susdicte closteure : de quoy nous estant aperceuz, aurions envoié par deux fois le sieur Dirchalen, licentié en théologie et curé du lieu de Xuva (1) par devant lesdicts commissaires d'Espagne pour les prier de ne vouloir permettre ny souffrir devant leurs yeux et les nostres une si fascheuse injure, dautant que après nos plainctes, remonstrances et prières, nous n'avons pas veu aucune reparation qui nous deust ou peust justement contenter, nous advertissons par cet escript les sieurs commissaires d'Espagne que, puisque ledict Fermin est subject de deux Roys, perturbateur du repos public, et offensant esgallement les deux Majestez, que si, tandis qu'il sera en leur destroit, ils ne le font saisir et punir, que si nous le pouvons empoigner dans les terres de l'obéissance du Roy, que nous le ferons chastier comme rebelle au commandement de Sa Majesté.

» Faict à Arrenegui (2) le 27 avril 1613. — Ainsy signé Bertrand d'Echaus evesque de Bayonne. — De Saint-Martin. »

(1) Je confesse que je ne suis pas sûr d'avoir bien lu ce mot ni quelques autres mots de cette copie, qui tourne au grimoire.

(2) Aujourd'hui Arnéguy, commune du département des Basses-Pyrénées, arrondissement de Mauléon, canton de Saint-Jean-Pied-de-Port. Rappelons ici que, le 26 mai 1868, les plénipotentiaires de France et d'Espagne pour la délimitation des frontières des Pyrénées, ont signé, à Bayonne, le traité qui règle définitivement les contestations séculaires au sujet des limites entre les deux pays.

Le précieux recueil de feu mon vénérable ami M. Avenel (*Lettres, instructions diplomatiques et papiers d'Etat du cardinal de Richelieu*) renferme divers documents et diverses notes relatifs à Bertrand d'Echaus. L'évêque de Luçon adresse d'abord, le 17 mai 1615, « à M. de Bayonne » une lettre de recommandation en faveur de certains prêtres anglais, lui disant: « Sçachant que vous estes véritablement de mes amis et combien vous estes charitable, » et lui rappelant qu'il a déjà causé de ce sujet avec lui à Paris (1). Un peu plus tard (décembre 1617 ?), l'évêque de Luçon écrit encore à B. d'Echaus, devenu archevêque de Tours, lui demandant son appui auprès du prince dont il était le premier aumônier (2) : « Je prends la plume pour vous prier de contribuer ce qui est en vous pour qu'il plaise au Roy prendre une impression de moy telle que la passion que j'ay et que j'auray toute ma vie, à son service, le mérite... » Vers le milieu de l'année 1618, nouvelle lettre de Richelieu à l'archevêque de Tours, pour le remercier de la continuation de sa bienveillance (5). Nous franchissons près d'une vingtaine d'années,

(1) T. ı, p. 143. B. d'Echaus avait été un des collègues de Richelieu aux Etats généraux de 1614-1615. Le cardinal, en ses *Mémoires*, n'a dit qu'un mot insignifiant de B. d'Echaus, au sujet de l'archevêché de Tours, qu'il réclama aussitôt après le meurtre de Concini.

(2) T. ı, p. 558. B. d'Echaus était premier aumônier de Louis XIII depuis l'année 1611. Le P. Anselme, Amelot de la Houssaye, etc., ont confondu la date de la nomination du premier aumônier avec la date de la nomination de l'archevêque de Tours.

(3) T. ı, p. 572. Les choses devaient singulièrement changer plus tard, et ce fut B. d'Echaus qui, à son tour, eut grand besoin de la bienveillance du premier ministre. Cette bienveillance lui fit défaut, et l'archevêque de Tours caractérisa d'une manière bien piquante la toute-puissance de Richelieu et l'insigne faiblesse de Louis XIII. Ecoutons le récit de Tallemant des Réaux (*Historiettes*, édition de M. P. Paris, t. ı, p. 404) : « Ce bonhomme pensa estre cardinal; mais le cardinal de Richelieu l'empescha. Il disoit: *Si le Roy eust esté en faveur, j'estois cardinal.* » Il était difficile, on l'avouera, de trouver un mot plus heureusement vengeur. M. B. Hauréau (*Gallia christiana*, t. xiv, p. 137), plus réservé que Tallemant, qu'Amelot de la Houssaye, que les rédacteurs du *Dictionnaire de Moréri*, etc., n'accuse pas formellement Richelieu d'avoir barré le chemin du cardinalat à B. d'Echaus : il se contente de le soupçonner. Après avoir dit que Louis XIII réclama pour son premier aumônier les splendeurs de la pourpre romaine, il s'exprime ainsi : « *Nec renuit Urbanus papa VIII, ut ejus litteræ prælo datæ testantur : res tamen non ad felicem exitum perducta, obstante cujusdam arte in conciliis domini papæ regisque prævalentis, quem cardinalem Richelium suspicantur.* »

et nous trouvons (tome ɪᴠ, p. 672), sous une lettre du grand ministre à son ancien protecteur (premier jour de mars 1655), cette curieuse note que je tiens à reproduire en entier : « La lettre n'est point finie, et en soi elle a peu d'importance; mais elle nous donne sujet de dire un mot de celle du prélat (1), laquelle n'est pas sans intérêt en ce qui concerne Richelieu. Bertrand d'Echaus se plaint de n'avoir pas été soutenu par le cardinal dans une lutte entreprise pour ôter de Saint-Maxent le prêche des religionnaires aux grands jours de Poitiers. Il avait espéré pouvoir compter dans une telle occurrence sur l'assistance du cardinal : « et néanmoins au faict et au prendre, quand j'ay esté aulx mains avec les religionnaires, je puis dire : *Nullus fuit de gentibus mecum,* ce que interprétant ne pouvoir procéder de vostre part pour aulcun manquement qu'il y ayt eu en vous de zèle pour la gloire de Dieu, ains plustost de quelque mienne disgrace, je ne vous celeray point, Monseigneur, que j'en demeuray fort confus et scandalizé en moy-mesme, et fort résolu de ne vous importuner plus à l'advenir par mes lettres. Cependant, puisque par vos dernières (*nous ne les avons pas trouvées*) il vous plaist m'asseurer que je suis mal fondé de concepvoir pour tel regard aulcune pensée de travers... j'en suis pleinement satisfaict. » L'archevêque mande ensuite au cardinal que le père Seguiran aura pu l'instruire de ce que lui (archevêque de Tours) « a fait pour procéder sur le faict des prétenduës filles possédées de Chinon; et aussy comme il convient entrer en une grande et incertaine despense, si la chose va de longue, laquelle... je ne sçaurois supporter, tant je suis bas d'aloy; à raison de quoy je vous supplie très humblement d'y avoir esgard. » Et puis il demande que ce qu'on lui donnera lui arrive « sans aulcun circuit ny renvoy pour les assignations qui en seront ordonnées pour le recouvrement des-

____

(1) Archives du ministère des affaires étrangères. La lettre de Richelieu est écrite au dos de la lettre de l'archevêque, laquelle est du 19 février 1635.

quelles ceulx de ma taille et posture ahannent beaucoup et en vain. » On voit que Richelieu se disposait à donner satisfaction à l'archevêque sur ce dernier article. Quant à l'affaire du prêche de Saint-Maxent, il n'en parle pas, et quoique sa lettre ne soit pas finie, il est permis de croire qu'il n'eût pas donné son assentiment, puisque depuis quatre mois il laissait sans réponse les instances du prélat. Ce n'est pas la première fois d'ailleurs que nous trouvons le cardinal peu empressé de seconder le zèle souvent trop ardent qui poussait des hommes moins sages que lui à d'inutiles et imprudentes provocations contre un culte auquel il ne demandait alors que de rester fidèle au roi et au pays. »

En consciencieux historien, je ne puis m'empêcher de mentionner un étrange épisode de l'histoire des dernières années de B. d'Echaus. Le sujet étant très-délicat (*incedo per ignes*), je vais laisser la parole au biographe de *Madame de Chevreuse*, M. Victor Cousin (1) : « Elle resta en Touraine près de quatre années, depuis la fin de 1655 jusqu'au milieu de 1657. C'était pour elle un divertissement fort médiocre de tourner la vieille tête de l'archevêque de Tours, Bertrand d'Eschaux (2)... Elle aima mieux se condamner à un nouvel exil que de courir le risque de tomber entre les mains de ses ennemis, et elle s'enfuit de Touraine pour gagner l'Espagne à travers tout le midi de la France (3). Elle ne voulut de con-

---

(1) *Madame de Chevreuse*, édition de 1868 (la 4e), p. 115.

(2) M. Cousin (*Ibid.*, p. 115, en note) dit : « Cet archevêque devait avoir alors plus de quatre-vingts ans, car on lit dans la *Gazette* de l'an 1641, p. 315 : *Le sieur d'Eschaux, archevêque de Tours, ci-devant évêque de Bayonne, et premier aumônier du roi, âgé de quatre-vingt-six ans, est mort le 21 mai en son palais archiépiscopal de Tours.* » La *Gazette* se trompait d'un an : B. d'Echaus mourut à 85 ans. Voir son épitaphe rapportée dans l'article déjà cité du *Moréri*. M. Avenel a relevé (t. i, p. 558) l'erreur des auteurs du *Gallia Christiana* qui prolongent la vie du prélat jusqu'en 1645. Rappelons que si B. d'Echaus avait en 1637 81 ans, la grande charmeuse, l'incomparable sirène du xviie siècle n'en avait que 37.

(3) Voir, à l'appendice du volume de M. Cousin, p. 436, l'*Extrait de l'information faite par le président Viguier de la sortie de Madame de Chevreuse hors de France,* extrait rédigé par Pierre du Puy (Bibliothèque Nationale, collection du Puy, vol. 501). Ce fut, dit-on, en traversant, déguisée en homme, la province de Gascogne, que ma-

fident que son vieil adorateur, l'archevêque de Tours. Comme il était du Béarn et avait des parents sur la frontière, il lui donna des lettres de créance avec tous les renseignements nécessaires et les divers chemins qu'elle devait prendre. »

M. Cousin n'indique d'autre source de son récit que les *Mémoires* de La Rochefoucauld (1). Si ce témoignage eût été unique, on aurait pu reprocher à l'enthousiaste biographe de Madame de Chevreuse de l'avoir trop pris au sérieux. On aurait pu lui rappeler sa propre remarque : « Nous n'admettons ni ne rejetons la célèbre histoire des ferrets de diamants, parce que cette histoire n'a pour elle qu'une seule autorité, celle de La Rochefoucauld (2); » on aurait pu se demander si l'assertion de l'auteur des *Maximes* n'était pas une de ces boutades qui ne lui coûtaient guère, et si dans la protection donnée avec tant d'élan par B. d'Echaus à la misérable ennemie du cardinal de Richelieu, il n'entrait pas, avec cette généreuse sympathie que l'on doit aux victimes, un peu de cette rancune qu'il est bien difficile de ne pas garder, même quand on est des meilleurs, à un ancien obligé devenu un détestable ingrat. Malheureusement cette charitable hypothèse vient se briser contre un passage des *Historiettes* que M. Cousin a négligé, soit par inadvertance, soit par dédain pour le

dame de Chevreuse arriva, un soir, chez un pauvre curé de village, lequel n'avait qu'un lit et dut le partager bon gré mal gré avec le cavalier inconnu, qui, écrasé par la fatigue, s'y endormit tout habillé. Quel ne fut pas l'ébahissement du saint prêtre quand, le matin venu, madame de Chevreuse, en enfourchant gaillardement sa monture, prit ainsi congé de lui : « Ne vous en vantez pas, monsieur le curé; vous avez passé la nuit auprès de la plus jolie femme de France. »

(1) Voici le texte même des *Mémoires* de La Rochefoucauld (*OEuvres complètes*, collection des *Grands écrivains de la France*, t. 11, 1874, p. 33): « Elle se résolut de se sauver en Espagne. Elle confia ce secret à l'archevêque de Tours, qui était un vieillard de quatre-vingts ans, plus zélé pour elle qu'il ne convenait à un homme de son âge et de sa profession. »

(2) *Madame de Chevreuse*, p. 53. Si M. Cousin a gardé une prudente neutralité en ce qui concerne l'*histoire* (j'aurais dit à sa place l'*historiette*) des ferrets de diamants, quelques écrivains qui auraient dû, ce semble, être un peu plus graves, ont aveuglement accepté ce qu'il fallait seulement laisser redire aux auteurs des *Trois Mousquetaires*.

chroniqueur qui était sa *bête noire* (1), passage que je n'ose reproduire (2), mais qui renferme des détails tellement précis, tellement accablants, que, renforcés encore par la formelle déclaration de La Rochefoucauld, ils ne permettent pas de croire que B. d'Echaus n'ait pas mérité d'être frappé par l'énergique anathème du poète : *Turpe senilis amor* (3).

Les biographes de l'archevêque de Tours ont jeté un voile sur les faiblesses de l'octogénaire. L'un d'eux, le R. P. Martin

(1) Voir les pages écrites avec une si spirituelle vivacité où M. P. Paris plaide contre M. Cousin la cause de Tallemant des Reaux (commentaire de l'historiette de *Madame de Montauzier*, t. II, p. 545-547).

(2) *Historiettes, M. et madame de Chevreuse*, p. 403-404. En dehors des gauloiseries, on trouve là cet éloge de B. d'Echaus : « Il n'estoit pas ignorant, » et ces légères épigrammes : « Ce bon homme disoit tonjours *ainsin comme cela*. Il aimoit fort le jeu. Son anagramme estoit *chaud brelandier*. » Quant à ce qu'ajoute Tallemant, que l'archevêque disait *s'assisa* pour *s'assit*, c'est une mauvaise plaisanterie. On ne parle pas aussi mal quand on écrit comme B. d'Echaus, et j'en appelle avec confiance à tous ceux qui ont lu les lettres publiées en 1864, a tous ceux qui liront les lettres reproduites plus loin.

(3) S'il est impossible de contester l'empire pris par Madame de Chevreuse sur B. d'Echaus, est-on autorisé à douter de l'influence exercée sur un autre prélat d'origine gasconne, Louis-Henri de Pardaillan de Gondrin, archevêque de Sens (1646-1674), par une autre irrésistible magicienne, la duchesse de Châtillon? Roger de Rabutin, comte de Bussy, affirme (*Mémoires*, édition de M. Lud. Lalanne, 1857, t. I, p. 202) qu'en 1650, Mgr de Gondrin, alors âgé de trente ans, était « amoureux d'Isabelle de Montmorency, duchesse de Châtillon, aussi bien que le duc de Nemours; » mais on a le droit de récuser un personnage aussi peu scrupuleux que celui qui ne craignit même pas de calomnier une des plus honnêtes femmes du XVIIe siècle, sa propre cousine, la marquise de Sévigné. Le P. Rapin, il est vrai, affirme lui aussi (*Mémoires*, 1865, t. I, p. 351), en aggravant encore le cas, qu' « Isabelle de Montmorency avoit succédé aux inclinations que l'archevêque avoit eues pour la duchesse de Longueville; » mais cet adversaire passionné des jansénistes n'est-il pas quelque peu suspect en maltraitant ainsi un prélat qui passait pour être un grand partisan des doctrines de Port-Royal? Si l'on invoque le terrible passage des *Mémoires* du cardinal de Retz contre le déréglement des mœurs de l'archevêque de Sens (collection des *Grands écrivains de la France*, t. II, p. 38), ne peut-on pas répondre qu'il s'agit là de printaniers égarements, et que le prélat racheta par une admirable austérité les fautes du jeune gentilhomme (*delicta juventutis*)? D'autre part, ne l'oublions pas en cette consciencieuse enquête, on a soutenu qu'il y eut plus d'ostentation que de sincérité dans la farouche vertu de l'archevêque, et que, par exemple, quand, osant braver la colère royale, il foudroya la scandaleuse conduite de sa nièce Madame de Montespan, et poussa même, assure-t-on, le *rigorisme* jusqu'à punir d'un soufflet la joue qu'admirait tant Louis XIV, le prélat, selon le bon mot de Madame Cornuel (*Menagiana* de 1715, t. I, p. 202), « faisoit pleurer ses péchés aux autres. » Comme M. Cousin pour les ferrets de diamants d'Anne d'Autriche, je m'abstiens de conclure, et j'aime mieux laisser au lecteur le soin de juger celui que ni M. Sainte-Beuve, en son *Port-Royal*, ni M. P. Clément, en son livre sur *Madame de Montespan*, n'ont entièrement condamné ni entièrement absous.

Marteau, carme tourangeau, donne dans le *Paradis délicieux de la Touraine* (1), ces louanges sans réserve au successeur de Sébastien Dori-Galigaï sur le siége archiépiscopal de saint Martin : « Bertrand d'Eschaux fut le 108ᵉ archevêque de Tours, l'an 1618. Il estoit auparavant évêque de Bayonne, eut l'abbaye de Saint-Maxant (2), et fut premier aumosnier du Roy, et commandeur de ses ordres (3), mesme il fut nommé et eust esté cardinal, si la fortune ne luy eust tourné visage. L'an 1625, le Roy l'envoya, accompagné d'autres prélats, au-devant du légat jusques à Olivet, proche d'Orléans. Au reste, il estoit fort zélé pour la religion catholique, et très-exact et sévère dans l'exécution de sa charge. Il fist augmenter les bastimens de son manoir archiépiscopal, et mourut l'an de grâce 1641, après avoir esté taillé de la pierre par plusieurs fois; puis on l'inhuma dans un tombeau pour la pluspart de marbre, en une chapelle à costé droict du grand autel de l'église de Saint-Gatien (4). »

Groupons ici divers petits renseignements. En 1605, l'évêque de Bayonne accompagna Henri IV dans son voyage en Normandie, et pendant le repas du roi discourut sur diverses questions de religion avec le P. Coton, qui avait un autre interlocuteur, une autre *pierre à aiguiser*, en la personne de Jacques Davy Du Perron, l'évêque d'Evreux (5).—En 1615, à

---

(1) Paris, in-4°, 1661, p. 163. Voir sur ce livre fort rare le *Manuel du libraire* t. iii, col. 1476).

(2) Ce fut en 1623 que B. d'Echaus obtint l'abbaye de Saint-Maixent (aujourd'hui département des Deux-Sèvres, arrondissement de Niort, à 23 kilomètres de cette ville).

(3) De la promotion du 31 décembre 1619. Voir le P. Anselme déjà cité, et aussi la *Liste chronologique des chevaliers de l'ordre du Saint-Esprit* dressée par par M. Teulet (*Annuaire-Bulletin de la Société de l'histoire de France*, 1863, p. 48).

(4) M. B. Hauréau (*Gallia christiana*, tome xiv, p. 137) signale ainsi les regrets qu'excita la mort du vieux prélat : « *Turonibus decessit, cunctis flebilis, et quem lacrymæ plurimorum prosecutæ sunt, die 21 maii 1611, depositusque in sacello B. Catharinæ, ad sinistrum latus aræ majoris, ubi sibi vivens sepulchrum marmoreum ædificari curaverat.* »

(5) Lettre du P. Coton au P. Balthazar, datée de Mantes, le 17 août 1603, citée par le P. Prat (*Recherches historiques et critiques sur la Compagnie de Jésus en France du temps du P. Coton*, Lyon, 1876, t. ii, p. 115).

Bordeaux, le 18 octobre, Bertrand d'Echaus fut un des prélats qui assistaient, à côté de Louis XIII, à la messe solennelle chantée dans la cathédrale de Saint-André pour le mariage d'Elisabeth de France et du futur roi d'Espagne (1). La même année, le théologien Jean Filesac, docteur de Sorbonne, lui dédia son traité de l'idolâtrie politique (2). — Vers 1620, l'ancien évêque de Bayonne eut à soutenir un procès contre le chapitre de sa cathédrale, comme nous l'apprend le *Factum pour les doyens, chanoines et chapitre de l'église de Tours, contre Jacq. d'Alencé, messire Bertrand Deschau, archevesque de Tours, Thomas Bedacier, Laurens Denezau, curé de Chançay, etc., par Hotman* (s. l. n. d. petit in-4°). — Le P. Griffet (*Histoire du règne de Louis XIII*, t. i, p. 344), dit, à propos du séjour de Louis XIII à Sainte-Foi (3), en 1622 : « La Fête-Dieu, qui arrivait cette année le 26 de mai, y fut célébrée avec une pompe extraordinaire. Le Roi, après avoir entendu la messe où il communia, assista à la procession, avec tous les ministres et tous les chevaliers de l'ordre, chacun un cierge à la main. L'archevêque de Tours, premier aumônier, y porta le Saint-Sacrement, assisté d'une grande partie du clergé de Périgueux que l'on avait fait venir exprès. Le dais fut porté par le prince de Condé, par les ducs d'Uzès et de Retz et par le maréchal de Praslain. » — En 1622 encore, Louis XIII s'étant, en digne fils d'Henri IV, trop exposé au siège de Royan (4), B. d'Echaus, d'après Le Vassor (*Histoire de Louis XIII*, t. ii, p. 467), lui adressa des remontrances énergiques et s'exprima de cette façon : « Tous vos officiers sont obligés, sire, de vous faire la prière que les capitaines

---

(1) Voir *Louis XIII à Bordeaux*, dans le tome ii des *Publications de la Société des Bibliophiles de Guyenne*, 1876, p. 246.

(2) *Gallia christiana*, t. i, col. 1321.

(3) Sainte-Foy-la-Grande, chef-lieu de canton du département de la Gironde et de l'arrondissement de Libourne, à 38 kilomètres de cette ville et à 60 kilomètres de Bordeaux.

(4) Chef-lieu de canton du département de la Charente-Inférieure et de l'arrondissement de Marennes, à 28 kilomètres de cette ville.

de David lui firent autrefois : *Vous ne viendrez plus à la guerre avec nous, de peur que la lumière d'Israël ne s'éteigne avec vous.* — Donnons, comme bouquet, quelques vers de l'abbé de Marolles, que je tire du rare et singulier opuscule intitulé : *Les papes, les cardinaux françois, les archevesques et les evesques de France* (in-4° sans date) :

> Galligai chassé par sa triste infortune,
> Dans la mort de sa sœur, après le coup fatal,
> Qui tua son époux le marquis mareschal,
> Bertrand d'Eschaux remplit cette place opportune.
>
> Il y vint de la cour evesque de Bayonne :
> Ce fut un bel esprit et du grand monde aussi,
> Dont la mémoire heureuse exerça son souci,
> Qui gouverna vingt ans cette église en personne.
>
> Il eut le cordon bleu, puis avancé sur l'âge,
> Il fut sollicité de prendre un successeur,
> Victor Le Bouteiller, esprit plein de douceur (1).

Il y aurait encore quelques autres témoignages à recueillir çà et là (2), mais je m'arrête, pour que le véritable ami dont je parlais en commençant ne me dise pas : Oh ! cette fois, c'est trop ! La peur d'un mal vous jette dans un pire :

> *In vitium ducit culpæ fuga.*

(1) L'abbé de Villeloin ne s'est pas contenté de célébrer en ses quatrains le mérite de B. d'Eschaus; il en a complaisamment reparlé dans le *Dénombrement* placé à la suite de ses *Mémoires* (1755, in-12, t. III, p. 271-273). Il vante la *naissance illustre* du prélat et mentionne ses opinions ultramontaines, disant qu'il fut « nommé par S. M. à la dignité de cardinal, dont il étoit d'autant plus digne, qu'il étoit parfaitement persuadé qu'il n'y avoit pas à chercher d'autre règle du salut que les décisions de l'église romaine. » D'après Michel de Marolles, c'était pour B. d'Echaus un axiome, que tout ce que fait la cour de Rome est bien fait, et il regardait le bréviaire romain « avec autant de respect que l'Evangile. » L'abbé de Marolles ajoute que B. d'Eschaus « aimoit passionnément les Peres Jésuites, » qu'il « en avança l'établissement dans sa ville, » et il complète ainsi l'éloge de celui avec qui il semble s'être bien souvent entretenu : « Au reste, c'étoit un des meilleurs hommes du monde, et de qui la mémoire étoit si heureuse, qu'il n'avoit jamais rien oublié, de sorte qu'il en eût pu contester avec le démon. »

(2) Voir notamment les *Révélations de l'Ermite sur l'Etat de la France par Jean* Chenel, *sieur de la Chappronaye* (Paris, 1617, in-8°); l'*Histoire du merveilleux dans les temps modernes par Louis Figuier* (1860, t. I, p. 219).

I

A Monsieur de Pontchartrain (1).

Monsieur, je ne seray pas volontiers des premiers à vous donner advis de l'algarade et insult que Monsr de Gramont, gouverneur de ceste ville de Baione (2), m'a faict à mon arrivée en icelle, en quoy je ne pretends pas avoir du desadvantage, pourveu que le recit des choses passées ne vous ayt pas esté desguisé et que le font vous ayt esté ainsin (3) mesme representé comme il est arrivé. Pour oster et retrancher l'ennuieuse prolixité d'une lettre missive, j'en ay dressé un discours bien sommaire, auquel si j'ay employé à mon escient que des choses fort certaines et veritables, je ne veulx jamais avoir part en paradis (4), protestation qui doibt desvelopper vostre croyance de toute sinistre impression, si quelcun s'est efforcé d'y faire glisser quelque semblable.

Cela supposé pour très veritable, comme il est, il me reste à vous supplier très humblement de vouloir representer à la Royne la destresse de mon esprit et le danger auquel je suis et passe maintenant mes jours, et le tout quoyque sans aultre pretexte pour le service du Roy, à sçavoir pour avoir de tout mon pouvoir, à la grande instance et requisition des habitants de ceste ville, empesché, l'esté passé, auprès de la Royne, que ledict sieur de Gramont ne peut avoir le Chasteau neuf de ceste ville qui est entre les mains

(1) *Bibliothèque nationale, Mélanges de Clairambault*, vol. 373, f° 8077. La lettre est autographe. Le personnage à qui elle est adressée, Paul Phélypeaux, seigneur de Pontchartrain, était secrétaire d'Etat depuis l'année 1610

(2) Voir sur Antoine, comte de Gramont, et sur ses querelles avec B. d'Echaux, la lettre à Villeroy, du 15 décembre 1611, dans mon opuscule de 1864, et la note 1 de la page 9. Le cardinal de Sourdis, dans une lettre à Pontchartrain, du 2 août 1611, annonçait déjà (*Archives historiques du département de la Gironde*, t. XVII, p. 512) « la grande esmotion » où étaient l'évêque et le gouverneur de Bayonne, et la résurrection de leurs vieilles inimitiés.

(3) Voilà l'*ainsin* signalé dans une note précédente comme étant, d'après Tallemant des Réaux, une des locutions familières au prélat.

(4) Ce discours sommaire, dont l'évêque outragé garantissait la véracité sur sa part de paradis, ne nous a malheureusement pas été conservé. Je l'ai du moins vainement cherché dans la collection d'où la présente lettre est tirée.

de Monsr le viscomte d'Usa (1). C'est là son mal talent et sa rancune à l'encontre de moy.

L'aultre pretexte qu'il prend contre moy que, l'esté passé, je le
volus faire assassiner par Monsr le baron de Poyanne, gouverneur
de la ville d'Acqs (2), c'est la plus meschante, mauldicte et diabo-
lique imposture que l'on sçauroit forger. Chascun me cognoist et
sçait que je n'ay pas l'âme noire et qu'il n'i a que ceux qui l'ont telle
qui se servent de semblables artifices pour fortifier leurs maulvais
dessaings et se tirer en apparence des justes reproches que l'on
leur doibt faire et de la juste punition qu'ils doibvent attandre, s'il
y a tant soit peu de justice au monde.

N'est-ce pas une chose du tout intolérable et jamais non oye jusques à l'heure presente, que le gouverneur de quelque place pour ses
caprices particuliers entreprenne avec tant de temerité et tant d'audace de fermer les portes de la ville à l'evesque du lieu comme a
faict le gouverneur de la ville de Baione à l'evesque de la dicte ville?
Si cela a lieu et que l'on se mette à passer un tel faict soubs quelque profonde dissimulation, voilà le chemin tout frayé à ne recog-
noistre que Messieurs les gouverneurs des contrées esquelles chascun aura à vivre. Considerés donc, Monsieur, s'il vous plaist, la
consequence perilleuse que ce faict traisne après soy et obligés tant
vostre serviteur que de luy en faire faire la raison et la justice que
l'atrocité du faict exige, comme aussi je vous supplie très humblement d'y pourvoir à la seurté de ma persone et à ce que sans danger et sauf l'honneur de la dignité episcopale je puisse resider à mon
evesché. Quelcun de ceulx qui le voyent le plus souvent et prive-
ment m'a rapporté qu'il disoit dernierement tout hault que je ne
mourrois jamais que de sa main (3). Sera-ce raison que semblables
langages proferés contre un homme de ma qualité puissent estre
dissimulés? Si vous me respondés que cela se doibt faire et que je
ne doibs pas esperer aultre chose de la protection du Roy et de la

(1) Voir à l'*Appendice* (nº 1) une petite noüce intitulée : *Bayonne et le vicomte
d'Usa.*

(2) Sur ce Poyanne (Bertrand de Baylens), comme sur tous les membres de cette
famille, je ne puis et on ne pourra plus désormais que renvoyer à l'important travail
de M. l'abbé de Carsalade, travail aussi riche en documents inédits qu'en notes ex-
cellentes.

(3) Les violences bien connues du comte de Gramont rendaient cette menace
inquiétante. J'ai donné, dans la note déjà citée de l'opuscule de 1864, une longue et
pourtant incomplète énumération des interminables démêlés du gouverneur de
Bayonne.

Royne, il ne me reste que à plier mon pacquet et mes chemises et me saulver à travers pais où je pourray, toutjours neantmoins en volonté comme je suis de demeurer,

Monsieur,

Vostre très humble et obeissant serviteur,

B. d'Echaus, E. de Baione.

De Baione, ce 22 de juillet 1611.

Monsieur, si vous jugés necessaire que le gouverneur de la ville ayt touts les jours autour de soy des gents de guerre aulx despens du Roy pour me pouvoir offenser impunement et que, au contraire, je n'en doibve pas avoir aulx despens du Roy pour ma juste défense, pour le moins qu'il me soit permis, s'il vous plaist, d'en pouvoir avoir à mes despens, ce que je vous supplie très humblement vouloir remonstrer à la Royne, afin que comme l'un des moindres subjets du Roy je puisse vivre en quelque seurté de ma personne. Aultrement il faudra que je cherche ma seurté en quelque aultre endroit et peut estre avec de la messeance pour ma condition.

II

A Monsieur de Villeroy (1).

Monsieur, entre les autres rares partyes que Dieu a mis et logé en vous, j'en recognois deux de bien insignes et fort eminentes, qui sont une prudence consommée et accomplie et un courage invincible qui ne peult ny ne sçait fleschir pour aucun revers de la fortune. Les deux à la verité vous appartiennent naturellement et esgallement, mais la premiere pour sa perfection, elle a eu à s'exercer sur la diversité des cas et matieres que les accidentz humains ont accoustumé de produire et presenter devant les yeux de ceux qui, comme vous, Monsieur, les sçavez reduire et ramener aux plus justes et necessaires considerations du cours de la vie humaine. Aussy tiens-je sans aucune flatterie qu'elle a attaint jusques au plus hault comble que celle des hommes peult aller; et d'aultant que les belles parties

(1) Bibliothèque nationale, fonds français, n° 3611, f° 67, copie. Ce document, par sa date, fait suite aux sept lettres publiées en 1864 et qui embrassent la période comprise entre le 15 décembre 1611 et le 31 mars 1613.

et quallitez des hommes, quant elles sont mal mesnagées, se descrient elles-mesmes bien souvent, la dexterité qui est en vous dont vous servez des susdictes parties selon les occurrances, tantost distinctement et separement et parfois aussy conjoinctement et confusément, n'est pas moins admirable, dont aussy je veulx fermement croire que vous sçaurez y faire pourvoir si dignement, sur le suget de ceste depesche que, à mon advis, advant que le jeu finisse, il y en aura des repentiz (1).

Pour vous apprendre donc, Monsieur, combien la precipitation et impetuosité du vice-roy de la Haulte-Navarre sont grandes et extresmes, je vous envoye une copie de la lettre que j'escripts à la Royne, affin que aussy avec plus de loisir vous puissiez considérer ce qui se doibt ordonner sur toutz ses insultz escloz sans doubte par les seulles fantaisies dudit vice-roy, lequel, sans en faire aucune fin, tous les jours arreste et lasche à Pampelune des personnes de Baygorry, comme aussi il en a fait prendre aucune en Aldude qu'il tient aux fers où bon luy semble. L'on ne m'a sceu ny esmouvoir ny alarmer pour le bruit commun que l'on dict courir à Pampelune, chose aussy rapportée par quelque tesmoing en une des informations que nous envoyons de delà, que à moy-mesme il me vouloit faire enlever d'icy et me coffrer (2) dans la citadelle de la dite ville. Le reste de ce qu'il fait est si près d'une telle extravagance, que peult-estre que un aultre moins asseuré que moy, après un semblable advis, ne dormiroit pas la nuit avec si peu d'apprehension que je fais pour ce regard. Tout le monde est si scandalisé de la derniere saillie et boutade qu'il a fait que rien davantage. Ceux de Baigorry [sont] tellement hors des gonds de toute patience (3), que je ne travaille pas peu à les contenir, qu'ils ne se ruent pas à corps perdu

(1) L'exorde, il faut bien en convenir, est quelque peu embrouillé, mais le correspondant de Villeroy ne tarde pas à se relever. Si les convenances ne me le défendaient pas, je comparerais le vénérable écrivain à un de ces coursiers dont l'allure est tout d'abord embarrassée, mais qui, à mesure qu'ils s'animent, font oublier la déplaisante lourdeur de leurs premiers pas.

(2) B. d'Echaus est un des premiers qui aient employé ce synonyme d'emprisonner. M. Littré ne donne sous le mot *coffrer* que des exemples pris dans Regnard, Voltaire et P.-L. Courier.

(3) Métaphore à rapprocher de celle de Michel de Montaigne : « Ce qui est hors les gonds de la coustume, on le croit hors les gonds de la raison, » et à rapprocher aussi de ces métaphores de Brébeuf (*Votre modestie est sortie hors des gonds*) et de Pascal (*emportent la raison hors des gonds*), citées par le *Dictionnaire de Trévoux.*

sur leurs partyes; ils en sont tellement piquez et au desespoir qu'ils
ne se soucient pas presque de se perdre et de s'enferrer, pourveu
que, advant de mourir, ils leur puissent vivement et clairement tes-
moigner le juste ressentiment qu'ils ont des injures que, à toutes
heures, ils en reçoivent et des outrages que à chasque pas ils leur
font souffrir. Pour les en destourner, je leur mets et represente
devant les yeux que meshuy ceste cause regarde la dignité du Roy,
lequel sçaura pourveoir de remedes propres et convenables à sa
grandeur et que, oultre que quant eulx ils sont trop foibles pour
soubstenir les effortz de toute la Haulte-Navarre, d'une bonne cause
ils en feroient par précipitation une mauvaise. Les langages sourds
et clairs qui courent parmy ces peuples affligez sont que, si Leurs
Majestez ne les protegent à bon escient, qu'ils auroient meilleur
compte d'abandonner et vuider le pays ou bien de se soubsmettre
tout à fait à la domination espagnolle. Telles et semblables libertez
de langages procedent d'un pur desespoir, principallement voyant
que, grace à nous, nous avons perdu toute esperance d'arracher à
l'amiable aucune honneste condition qui soit tollerable pour ceux de
Baygorry et sans aucune repugnance à la reputation de nostre Roy
et maistre, et puisque aussi les Espagnols tesmoignent que avoir à
faire à la France ils n'estiment de rien plus perilleux et dangereux
que d'avoir à disputter contre ceste pauvre Basse-Navarre ou le
Bearn, et si une fois l'on leur avoit rendu les poires au sac (1), Dieu
sçait comme par après ils viendroient plus que volontiers à jubé (2),

(1) Pittoresque expression, oubliée par les rédacteurs du *Dictionnaire de Trévoux*
et par M. Littré, ainsi que par l'auteur du *Livre des proverbes français*, M. Le
Roux de Lincy (2 vol. in-12, 1859). On ne s'attendait guère à la trouver dans une
dépèche diplomatique. B. d'Echaus est, du reste, coutumier du fait, comme on va
s'en apercevoir un peu plus loin, et comme le prouve également le recueil de 1864
où abondent des locutions familières et originales, par exemple celles-ci: *que l'on
estimeroit moins qu'une chiquenaude* (p. 6); *se chaussant à de si grands points de
vanité* (p. 7); *querelle d'allemand* (p. 7), etc. La phrase: *rendre les poires au sac*
égayait déjà la page 21 du même recueil. On peut rapprocher le style de l'évêque
de Bayonne de celui d'un grand diplomate du siècle précédent, l'évêque de Dax,
François de Noailles, lequel écrivait à Charles IX, de Constantinople (1572): « Sire,
le Bassa revient tousjours à ses moutons et ne me chante jamais que cette chanson
de faire la guerre à l'Espagne. » Voir d'autres savoureuses familiarités de langage
dans la correspondance diplomatique du frère aîné de l'évêque de Dax. J'en ai cité
quelque chose l'an dernier (*Antoine de Noailles à Bordeaux*, in-8°, 1878, p. 19,
note 4).

(2) C'est-à-dire se soumettre, venir à la raison. Le mot était déjà employé au xve
siècle (*Chronique des ducs de Bourgogne*, de Georges Chastellain, citée par M.
Littré).

estant mesmement gens du tout imbelles (1) comme ils sont. La commune opinion de tous ceux de ces quartiers (de laquelle je ne me tiens pas aussi esloigné), est qu'ils sont poussés par quelques François mesmes dupes comme ils sont, et le vray moyen de tout point infaillible pour leur faire mettre de l'eau dans leur vin (2), et pour reprimer leur audace, est celuy que j'ay dict à ce porteur pour le vous redire. Si cela se pratieque, chose qui se peult faire facillement et presque sans nulz frais et bruit, ne me tenez pas, Monsieur, que pour fort peu entendu aux affaires de deça, si le vice-roy ne perd ses estriers (3), et si l'on ne le met chez Guillot le songeur (4), aussi bien que tous ceux qui le peuvent conforter et eschaufer. Je n'ignore pas que vous n'avez mille moyens à moy incogneus pour tirer raison de tout cecy quant vous le voudrez à bon escient entreprendre, mais aussy sçay-je que celui que je vous ouvre seroit pour bien tromper le monde, si l'on le prenoit par tel dafaut. Quoy qu'il vous plaise ordonner ou commander, il me sera aultant facille d'obeir d'une façon que d'autre, puisque en toutes celles du monde je ne puis estre que, Monsieur, etc.

Arreneguy, le 12 de may 1613.

III

A la Royne (5).

Madame, stimant Vostre Majesté au possible comme elle faict le soulagement de ses subjects, quand principalement icelui se treuve fundé en une fort evidente justice, il n'est pas croyable qu'elle bien

---

(1) Timides, faibles, d'*imbellis*. Le mot n'est dans aucun de nos principaux dictionnaires (Richelet, Trévoux, Littré).

(2) M. Le Roux de Lincy (*le Livre des proverbes*, etc., t. II, p. 223) a trouvé cette expression dans un recueil du xvi⁰ siècle, les *Adages françois*.

(3) M. Littré n'a cité, au sujet de l'emploi de cette métaphore, aucune phrase antérieure à cette phrase des *Mémoires* de Saint-Simon : « Le maréchal de Villeroy, du fond de sa disgrâce, n'avoit jamais perdu les étriers chez Mme de Maintenon. »

(4) L'expression proverbiale, si chère à notre vieille langue : *être chez Guillot le songeur*, c'est-à-dire être pensif, préoccupé, se trouve notamment dans Rabelais (liv. III, chap. 14) et dans Blaise de Monluc (*Commentaires*, édition de M. de Ruble, t. II, p. 54; t. III, p. 384). Voir sur l'origine probable de l'expression le recueil déjà cité de M. Le Roux de Lincy (t. II, p. 11).

(5) Bibliothèque nationale, Mélanges Clairambault, vol. 362, f⁰ 1145. Autographe.

et deuement informée de la qualité et nature des afaires, puisse approuver le dessaing de ceulx qui, taschants s'ayder et prevaloir des circunstances du temps qui court maintenant, cherchent à les opprimer et à les reduire en une servitude non moins fascheuse que honteuse. Ceulx de Saint-Jean de Luz, de Siboure (1) et aultres peuples de Labourt, mes diocesains (que je suis obligé selon Dieu et en conscience d'appuyer de toute mon assistance quand en recourant à moy, comme ils ont faict, ils me sollicitent de representer à Vostre Majesté leur misere et justice ensemble), par la beneficence et gratification des Roys passés, portés à cela aultant par des très justes et necessaires considerations d'estat que aussi conviés par la très grande sterilité du pais, ont, despuis cent cinquante ans ou environ, jouy de certain privilege d'exemption et franchise de ne payer rien de leurs denrées et marchandises, non seulement chez eulx mesmes et en leurs propres havres et ports, mais qui plus est par toute la France; poinct qui doibt estre tellement pesé et consideré que, supposant icelui pour veritable, comme il ne l'est que trop, leur partie Monsieur de Gramont, subrogé, à cause de quelque eschange faict avec les roys Louis unziesme ou Charles huictiesme, à prendre et avoir seulement la moitié des droits de costume que le roy prenoit en ce temps là et non plus, ne peut maintenant rien par raison pretendre sur eulx. Aussi toutes et quantes fois que, despuis quatre vingts ans ou environ, ses ancestres ayant souvent appelé les susdictes communaultés en justice pour leur faire payer le droit de costume, quelles provisions des roys par surprinse ou arrests des parlements par faveur ayent peu obtenir, ont-ils rien sceu emporter sur icelles, parce que, comme l'affaire venoit à estre examiné et espeluché de près, les roys ne treuvoint jamais bon d'alterer, par la privation des privileges une fois accordés aulx frontieres, les bones volontés de leurs peuples capables aultant pour leur courage, pour leur grande dexterité et adresse et grand nombre de vaisseaux qu'ils peuvent fournir pour les armements de mer que pour la situation des lieux esquels ils sont placés, de faire des services fort signalés à la corone, comme aussi, le temps passé, ils ne se sont pas espargnés es occasions des guerres qu'il y a eu entre la France et l'Espagne.

Ceulx qui vivent à present aulx mesmes frontieres, n'estants pas

___

(1) Ciboure est une commune du département des Basses-Pyrénées, dans le canton de Saint-Jean de Luz, à 1 kilomètre de cette ville et a 22 kilométres de Bayonne.

d'un costé moins affectionés au service de la corone que leurs ancestres et predecesseurs, et en Vos Majestés y ayant pour le moins aultant de debonaireté, equité et justice que en tout aultre prince qui ayt jamais cy devant regné en France, ils ne se peuvent pas persuader que Vos Majestés ne les veuillent proteger et conserver en leurs libertés et privileges. C'est pourquoy aussy ils se vont jecter aulx pieds de Vostre Majesté pour la mouvoir à pitié et compassion de leur condicion, laquelle deviendroit si dure et intolerable pour eulx que, en ce cas que leur partie vint à bout de son dessaing, avant de s'y soubsmettre à tel malheur, ils se resoubdroint, à ce que ils protestent, aulx plus fascheuses extremités que les desesperés ont accoustumé de tenter. De quoy j'en ay bien volu doner advis à Vostre Majesté, afin que elle puisse prendre garde de n'yncomoder ny ne mescontenter pas un infiny nombre de peuple pour accomoder ou contenter un seul, lequel, s'il se fut senty bien fundé en ses pretentions et cause, que maintenant hors de saison en geinant l'esprit de Vostre Majesté il s'efforce de faire valoir, il n'eut jamais laissé escouler le regne du fu Roy sans se prendre à ces pauvres gents, trop empeschés d'ailleurs de vivre à leur aise sans que l'on les surcharge, vexe et molleste d'aulcune novelle invention. Ny aulcune passion d'affection particuliere, ny de haine ne me poulsera jamais ny ne me destournera point aussi, quoy qu'il me puisse arriver, que je ne represente librement et franchement à Vostre Majesté ce que je jugeray en mon ame pouvoir concerner le bien du service de Vos Majestés; dont aussi je les supplie très humblement de vouloir avoir esgard aulx clameurs et crieries de ce pauvre peuple, lequel, s'il est obligé de plaider et contester sur la validité ou invalidité de ses libertés, privileges et franchises, aime mieulx en tout cas estre jugé au conseil du Roy que ailleurs, où leur partie de son chef ou du chef d'aultrui seroit par adventure trop appuyée d'amis et de credit. Aussi, à vray dire, le poinct qu'ils disputent, sçavoir s'ils sont subjects au droit de costume ou non, estant une vraie matiere d'estat, puisque tout le debat des parties n'est que sur les intentions, gratifications et liberalités de Sa Majesté, laquelle quand elle-mesme se constituera juge, touts auront occasion d'en demeurer satisfaicts du jugement qui s'ensuivra, parce que il sera si ferme et si stable que rien par après ne le pourra ny anuler ny infirmer; et à faire aultrement selon la variation et diversité des temps et changement des regnes, chasque partie pourroit esperer de faire reformer les arrests qui auroint esté donés à leur desadvantage et prejudice.

Pour en faire donc à la fois et eviter tels et semblables scrupules
et inconvenients, la supplication très humble de ce miserable peuple,
accompagnée de la mienne, est qu'il plaise à Vostre Majesté, en cas
qu'elle ne treuve bon, sans cognoissance de cause, de les maintenir
entierement et pleinement en la jouissance de leurs privileges, ordonner et comander à tout le moins que leur procès, renvoyé par
arrest du conseil privé en la cour de parlement de Bourdeaulx, sera
tout de noveau evocqué au conseil d'Estat, pour en icelui estre pourveu aulx parties ainsin que de raison.

Nous faisons telle supplication à Vostre Majesté, et à Dieu toutes
celles que nous pouvons pour la prosperité de Vostre Majesté.

> Madame,

Vostre tres humble, tres obeissant et tres fidelle subject et serviteur.

> B. d'Echaus, E. de Baione (1).

D'Arreneguy, ce 19 de may 1613.

---

(1) Je retrouve, trop tard pour l'utiliser cette fois, l'indication que voici dans des
notes prises, il y a déjà bien des années, à la Bibliothèque Nationale : « Voir dans

APPENDICE.

I

Bayonne et le vicomte d'Uza.

M. le comte Henry de Lur-Saluces, dans sa *Notice généalogique sur la maison de Lur, suivie d'un précis historique sur les derniers marquis de Saluces, et sur la cession du marquisat de Saluces à la France en 1560* (Bordeaux, 1855, in-8°), a consacré d'intéressantes pages à Jean de Lur, vicomte d'Uza, gentilhomme de la chambre du Roi, gouverneur du Château-Neuf de Bayonne, conseiller du Roi en ses conseils d'Etat et privé, etc. (p. 24-28). Je viens indiquer ici quelques documents inédits qui complètent les renseignements recueillis par M. le comte Henry de Lur-Saluces dans les précieuses archives de sa maison. Les Mélanges de Clairambault (Bibliothèque nationale) renferment diverses lettres écrites par le vicomte d'Uza à M. de Pontchartrain. Le 50 octobre 1620, Jean de Lur (vol. 577, p. 547) s'adresse en ces termes au Secrétaire d'Etat :

Monsieur, dernierement j'ay traité soubs le bon plesir du Roy (après que vous m'eustes manifesté la vollonté de Sa Majesté) avec M. le comte de Gramont de la cappitaynerie du chasteau neuf de Bayonne, de laquelle le feu Roy d'heureuse mémoire n'avoit honoré; et traitant avec luy de bonne foy et avec la franchise qui se doibt

la collection Gaignières, vol. 467, f° 21, la copie d'une lettre en patois béarnais écrite de Saint-Pierre d'Oloron, en 1581, par Bertrand d'Echaus à *Monsieur mon frèr Francois de Echaus homme de chambre de Mgr Darqx à Bourdeaulx.* » Ce document, quand il sera publié (soit par moi, soit par un autre), pourra être rapproché d'une lettre en gascon, à l'état de copie dans le même volume (f° 20), écrite à l'évêque de Valence, le 22 mars 1573, par l'évêque de Dax (François de Noailles), au service duquel était attaché le frere du futur évêque de Bayonne, lettre dont le texte et la traduction (due à l'habile plume de M. Léonce Couture) se voient à la suite des *Notes et documents inédits pour servir à la biographie de Jean de Monluc* (grand in-8°, 1868, p. 76-80).

pratiquer entre ceus de sa condition et de la miene, soubs la parolle qu'il m'avoit donnée de me donner telles assurances pour le prix de la recompense de ma charge que je serois satisfait, je luy doné ma demission. Mais despuis, Monsieur, ayant heu du mesconte pour luy et pour moy sur ce suget, et jugeant que ma demission, ayant precedé l'effect de sa promesse, pourroit nuyre au contentement qu'il me doibt doner, sy sur icelle il en obtenoit ses provisions, j'ay desiré, Monsieur, me doner l'honneur de vous escrire cette lettre, pour vous suplier très-humblement de superceder à expedier ses dictes provisions (1).

Le 1er décembre 1620, le vicomte d'Uza (*ibidem*, p. 559), dans une lettre à M. de Pontchartrain, s'élève avec énergie contre le conseil qui aurait été donné de démolir le Château-Neuf de Bayonne, et il insiste sur la grande importance de ce château.

Le 2 août 1621 (vol. 578, p. 877), Jean de Lur, écrivant au même personnage, du lieu de Fargues, d'où sont datées aussi les lettres précédentes, s'excuse de n'avoir pu prendre part aux expéditions contre les Huguenots : « Monsieur, la dangereuse maladie que j'ay heue, de laquelle je ne suis pas encore remis, m'a privé de l'honneur de servir le Roy aux occazions qui se sont offertes, de quoy j'ay receu plus de desplaisir que d'incommodité de mon mal... » J'aime à laisser le lecteur sous l'impression de cette généreuse déclaration.

II

Une lettre inédite du vicomte d'Echaus.

J'ai pensé qu'on lirait avec intérêt une lettre du père de Bertrand d'Echaus, le vicomte Antonin d'Echaus, lettre sur laquelle M. de Ruble a le premier appelé l'attention dans cette note de sa belle édition des *Commentaires et lettres de Blaise*

____

(1) Il faut rapprocher de ces lignes une lettre de Marie de Médicis à Jean de Lur, publiée par M. le comte de Lur-Saluces (p. 25), écrite le 20 juillet 1620, et où est désapprouvé le traité conclu avec le comte de Gramont pour la capitainerie du Château-Neuf de Bayonne, la reine régente désirant que cette charge demeurât dans la maison de Lur.

de Monluc (t. III, p. 412) : « Antonin d'Etchaux, suivant les documents contemporains, ou de Chaux, suivant sa signature, prit les armes avec le parti catholique commandé par de Luxe. Il fut exclu de l'amnistie comme rebelle par ordonnance du 28 février 1568 (*Hist. de la Gascogne*, t. v, p. 318, note). Mais il obtint bientôt son pardon à la sollicitation de La Mothe Fénelon. En 1569, il recommença la guerre, et, tandis que Terride entrait en Béarn, il accourut du fond de la Basse-Navarre, prit le château de Sauveterre et la ville de Bellocq (Olhagaray, p. 592, etc.). L'année suivante, de Chaux s'efforça de rentrer en grâce auprès de la reine Jeanne, et lui écrivit une lettre de justification. »

Avant de reproduire cette lettre, je rappellerai que, le 6 août 1578, le futur Henri IV écrivit au roi d'Espagne (*Lettres missives*, t. I, p. 190) pour lui annoncer la prochaine visite du *viconte de Chaus*, son envoyé (1), et que, cinq ans plus tard, le père du négociateur de 1611-1613 fut chargé d'une nouvelle démarche auprès de Philippe II par le roi de Navarre (*Ibid.* p. 520, 521) (2). Je veux encore rappeler que ce n'est plus d'Antonin d'Echaus, mais bien du vicomte Jean d'Echaux, son fils, qu'il est question dans les *Mémoires du duc de la Force*, à la date de 1611 (t. II, p. 26-28).

(1) M. Paul Raymond, le regretté archiviste de Pau, a signalé (*Revue d'Aquitaine* de 1867, p. 195) un remboursement de 16 ducats fait, en 1578, au *vicomte d'Echaulx*, pour argent prêté au roi de Navarre, en plusieurs fois. On trouve de fréquentes mentions du nom de divers membres de la famille d'Echaus dans les six volumes in-4° de l'*Inventaire des archives du département des Basses-Pyrénées*, dressé avec tant de zèle et de soin par M. Raymond, de 1863 à 1874, et que les érudits ne devront jamais feuilleter sans un vif sentiment de reconnaissance pour sa mémoire.

(2) Voir sur ce dernier point les *Mémoires de Mme de Mornay* (édition de Mme de Witt, 1868, t. I, p. 141). Je me demande si c'est du vicomte Antonin qu'il s'agit dans une lettre de Henri IV, du 25 février 1596, où ce prince dit au connétable de croire *Chaux* comme lui-même (t. IV, p. 500). Il est encore question de cet envoyé dans deux autres lettres au duc de Montmorency, du 17 août et du 17 novembre de la même année (*ibid.*, p. 638, 660). L'auteur de la *Table générale des matières* des 9 volumes du recueil n'hésite pas à identifier, malgré la distance des dates, l'envoyé de 1578 et celui de 1596, et même un sieur *de la Chaux*, qui eut en Normandie (mai 1597) un différend avec le comte de Torigny. Je crois qu'en bonne critique il convient de séparer ceux que l'auteur de la *Table* s'est trop hâté de réunir.

A la Royne (1).

Madame, l'esperance que j'ay en voz graces et misericordes me faict l'hardiesse de vous faire tres humble requeste que de m'entendre en mes raisons et doléances et après faire telle pugnition de moy que Vostre Majesté avisera estre à faire. Je vous desduiray doncques de point en point les faultes que j'ay commises contre le service de Vostre Majesté, et pour le premier vous debvez entendre :

Madame, bien tost apres que vous fustes partie de ce pais, nous eusmes advertissement que Monsieur d'Arros (2) avecques six compaignies d'infanterie se vint rendre à Sauveterre, en deliberation de se jetter dans la Basse Navarre, pour nous oster la liberté de nostre relligion, ou pour le moins ainsi nous asseuroient ceux qui venoient de luy; qui fut l'ocasion que tous voz subjectz prindrent les armes et nous presentasmes à la fontiere pour empescher telle chose s'il estoit besoing : nous entendant doncques le contraire, nous retournasmes en noz maisons sans faire deplaisir quelconque à personne. Bien tost apres Monsieur de Terride se vint jetter dans le pays de Bearn comme lieutenant du Roy pour metre ledit pays soubz la main du Roy; je prins doncques les armes avecques luy plus tost pour les letres que le Roy, la Royne et Monsieur m'avoient escriptes par trois fois et ce par La Marque que aultrement. Et qu'il ne soyt vray, je vous suplie tres humblement vous informer, Madame, que lorsque Messieurs de Luxe, d'Onnesamhet, d'Armandariz (3) voulurent metre ce vostre roiaulme soubz la protection du Roy, en vertu d'une commission que ledit de La Marque leur aporta du Roy, si je ne respondis à la jointte (4) généralle que je ne consentirois jamais telles choses que au plus tost Vostre Majesté ne fut advertie : ainsi fut l'opignion de la pluspart de ceux qui se trouverent à ladicte

(1) Bibliothèque nationale, fonds français, vol. 15552, f⁰ 251. On lit au dos de la lettre ces mots d'une écriture du temps : *Double de la lettre escripte par le vicomte de Chauz à la royne de Navarre.*

(2) Sur ce personnage, voir une bien intéressante brochure : *Documents pour l'histoire du protestantisme en Béarn, publiés par M. L. SOULICE, bibliothécaire de la ville de Pau. Bernard, baron d'Arros et le comte de Gramont 1573* (Pau, 1875, gr. in-8⁰).

(3) Pour ces gentilshommes, il suffit de renvoyer aux savantes notes de l'éditeur des *Commentaires* de Blaise de Monluc et à celles de M. Paul Raymond, l'éditeur de l'*Histoire de Béarn et Navarre, par* NICOLAS DE BORDENAVE (Paris, 1873). Le vicomte d'*Echaux* est nommé, en ce dernier ouvrage (p. 150), parmi les Navarrais rebelles qui, à la suite de l'intercession du roi de France et de la mission de la Mothe-Fénelon, obtinrent leur pardon de Jeanne d'Albret.

(4) *La jointe*, l'assemblée, *la junta.*

jointte généralle que Vostre Majesté debvoit estre premierement advertie. Bien tost après je feuz blessé devant Navarrenx et feuz contraint me retirer à ma maison. Estant doncques là, Monsieur le conte Mongonmery (1) m'envoya à dire par le sieur Leycaracu qu'il trouvait plus estrange de moy que d'aultres, et que si je luy voulois promettre de ne porter les armes plus contre vous, Madame, qu'il me promettoit que dans vingt jours il m'envoyeroit de vous le pardon du port d'armes que j'avois faict contre Vostre Majesté; je luy fis responce, que j'estois en mauvais estat pour luy rendre la responce, toutesfois estant guéry que je luy ferois telle responce qu'il auroit contentement, cependant je asseuris audict de Leycaracu de le faire ainsi. Et du depuis ne se trouvera oncques que j'aye porté les armes contre le service de Vostre Majesté, tant s'en fault que beaucoup de fois j'ay gardé vos subjectz de beaucoup de larrecins et pilleries; et depuis n'a gueres de temps mesme j'ay prins les armes contre ceux mesmes que au commencement avions esté compaignons pour garder vos dicts subjects.

Voila doncques tous mes pechez confessez à vous et veritables, à la peine de ma teste. Je vous suplieray doncques tres humblement, Madame, me faire la grace que jusques à vostre venue je ne sois vexé ny molesté, ensemble ceux qui ont esté avecques moy, et vous faictz offre de gentilhomme que si par le passé je suis esté contre vostre service que à l'advenir je donrray des coups d'espée et de lance et mesme hasarderay ma vie avecques mes moyens; et esperant que me ferez ce bien, je prieray Dieu vous donner en santé, Madame, tres longue et tres heureuse vie.

Vostre tres humble et tres obeissant subject et serviteur,

A. DE CHAUZ.

De Chauz, ce iiie jour du mois de septembre 1570.

---

(1) Le vicomte d'Echaus écrit le nom de son adversaire comme le terrible capitaine l'écrivait lui-même, ainsi que M. de Ruble en a le premier fait la remarque (*Commentaires de Blaise de Monluc*, t. ii, p. 324, note 4).